L'ÉCOLE DES AVENTURIERS

S'INSPIRER DES AVENTURIERS POUR VIVRE MIEUX

@suzac_editions
www.suzac.fr

Dépôt légal : juin 2024
ISBN : 978-2-490795-78-9

Achevé d'imprimer : mai 2024
Imprimé en UE

L'ÉCOLE DES AVENTURIERS

S'INSPIRER DES AVENTURIERS POUR VIVRE MIEUX

SUZAC éditions

sommaire

1

Aux sources de l'aventure 8

2

Le sens profond de l'aventure 16

3

Toucher à l'essentiel 22

4

L'irrésistible attrait du départ 30

5

Exister, vivre intensément 40

6

Humilité, simplicité 46

7

Reconnexion à l'Univers 52

8

Aller au bout de ses rêves 58

9

Il ne tient qu'à toi 66

10

À la rencontre des autres 72

11

À la rencontre de soi 78

12

Égarement, solitude : l'art de la fugue 86

13

Les délices de l'imaginaire.................................. 94

14

L'avenir pour seul horizon 104

It is not the mountain we conquer,
but ourselves.

Edmund Hillary (1919-2008)

C'est beau, l'aventure.
Ça n'a aucune utilité.
Ça ne mène nulle part,
si ce n'est à côtoyer la pureté
et l'innocence des premiers
jours du monde.

Sébastien Destremau (1964-)

1

AUX SOURCES DE l'aventure

Quand je me sens des plis amers autour de la bouche, quand mon âme est un bruineux et dégoulinant novembre, et surtout lorsque mon cafard prend tellement le dessus que je dois me tenir à quatre pour ne pas descendre dans la rue y envoyer valdinguer le chapeau des gens, je comprends qu'il est grand temps de prendre le large.

Herman Melville (1818-1891)

Se lever, partir marcher.
Dieu fait le reste.

Nicolas Bouvier (1929-1998)

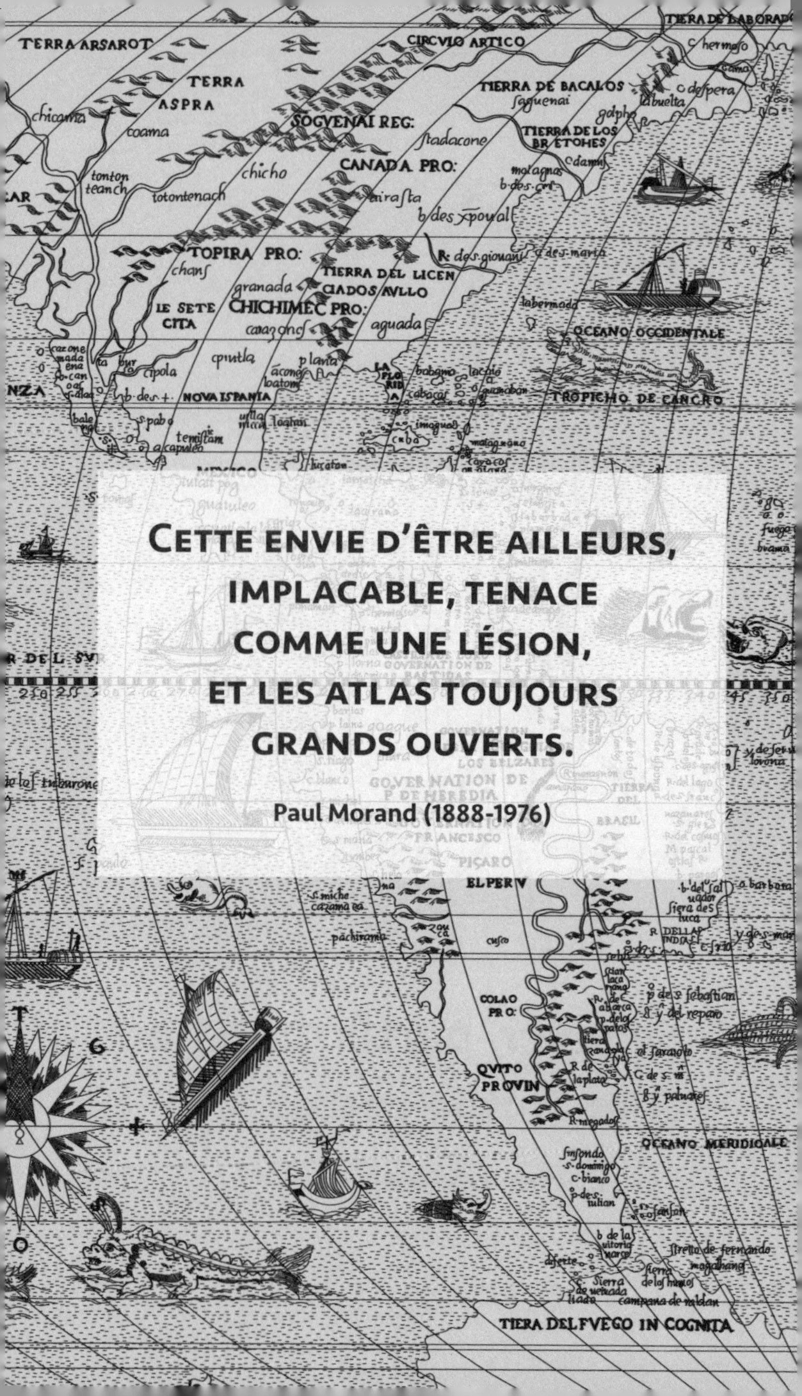

Cette envie d'être ailleurs, implacable, tenace comme une lésion, et les atlas toujours grands ouverts.

Paul Morand (1888-1976)

Plus tard, peut-être, quand les chaussures seront usées et les corps aguerris, les âmes apaisées, quand on aura mis assez de kilomètres, de fleurs et de nuits entre nous et les raisons de nos départs, alors peut-être pourra-t-on se demander pourquoi ?

Manon Moreau (1981-)

Rien de plus beau que l'instant qui précède le voyage, l'instant où l'horizon de demain vient nous rendre visite et dire ses promesses.

Milan Kundera (1929-)

Tout bien considéré, il n'y a que deux sortes d'hommes dans ce monde, ceux qui restent chez eux et les autres.

Rudyard Kipling (1865-1936)

L'IMPULSION DU VOYAGE EST L'UN DES PLUS ENCOURAGEANTS SYMPTÔMES DE LA VIE.

Agnès Repplier (1855-1950)

Le monde a gâté mon âme, mon imagination est inquiète, mon cœur est insatiable. Tout est trop petit pour moi : je m'accommode facilement à la tristesse aussi bien qu'au plaisir, et ma vie devient de jour en jour plus vide. Il ne me reste plus qu'une seule ressource : voyager.

Mikhaïl Lermontov (1814-1841)

Le pire des crimes, c'est le surplace, ne pas avancer, rester toujours là comme ça, collé aux chaises et aux villes comme une chose stagnante, une glaire de vieux. Moi, je marche, je progresse. Je nomadise, j'erre, je vais. Toute marche est une marche spirituelle.

Xavier Grall (1930-1981)

IL N'Y A PAS À PROPREMENT PARLER DE DÉPART, MAIS UN GRAND COUP DE PIED MÉTAPHORIQUE À LA VITESSE REQUISE POUR QUE L'ÉLAN SOIT SALUTAIRE.

Édith de La Héronnière (1946-)

La piste ouverte. La vaste demeure de l'âme est la piste ouverte. Ni le ciel ni le paradis. Pas « au-dessus », pas même « dedans ». L'âme n'est ni au-dessus ni au-dedans. Elle est un voyageur sur la piste ouverte. Ni par la méditation. Ni par le jeûne. Ni par la connaissance du ciel et de la vie intérieure, à la manière des grands mystiques. Ni par l'exaltation. Ni par l'extase. Par aucune de ces voies, l'âme n'arrive à s'appartenir. Seulement en suivant la piste ouverte. Ni par la charité. Ni par le sacrifice. Ni même par l'amour. Ni par les bonnes actions. Par aucun de ces moyens, l'âme ne s'accomplit. Seulement en s'en allant sur la piste ouverte. Le voyage en lui-même, sur la piste ouverte. Exposé à tous les contacts. Sur deux pieds lents. Affrontant tout ce qui passe sur la piste ouverte. En compagnie de ceux qui suivent le même chemin. N'allant vers aucun but. Seulement la piste ouverte.

D. H. Lawrence (1885-1930)

2

LE SENS PROFOND DE l'aventure

Les jours et les mois s'égrènent, passants fugaces. Les années qui surviennent et s'en vont voyagent elles aussi. Notre vie même est un voyage ; quant à ceux qui la passent à naviguer, ou ceux dont les cheveux blanchissent à mener leur attelage, la route n'est-elle pas leur véritable demeure ?

Matsuo Basho (1644-1694)

Quant à moi, je voyage non pour aller quelque part, mais pour marcher. Je voyage pour le plaisir de voyager. L'important est de bouger, d'éprouver de plus près les nécessités et les embarras de la vie, de quitter le lit douillet de la civilisation, de sentir sous mes pieds le granit terrestre et les silex épars avec leurs coupants.

Robert-Louis Stevenson (1850-1894)

Un voyage se passe de motifs. Il ne tarde pas à prouver qu'il se suffit à lui-même. On croit qu'on va faire un voyage, mais bientôt c'est le voyage qui vous fait ou vous défait.

Nicolas Bouvier (1929-1998)

Comment expliquer, à ceux qui ne l'ont pas vécu, que le Chemin a pour effet sinon pour vertu de faire oublier les raisons qui ont amené à s'y engager ? À la confusion et à la multitude des pensées qui ont poussé à prendre la route, il substitue la simple évidence de la marche. On est parti, voilà tout.

Jean-Christophe Rufin (1952-)

Pareil au nuage d'été qui, en harmonie avec le firmament et la terre, vogue librement dans le ciel bleu d'un horizon à l'autre, porté par le souffle de l'atmosphère, de même le pèlerin s'abandonne au souffle de la vie plus vaste qui le conduit au-delà des plus lointains horizons, vers un but déjà présent en lui, mais encore caché à sa vue.

Lama Anagarika Govinda (1898-1985)

Les hommes, au fond, ça n'a pas été fait pour s'engraisser à l'auge, mais ça a été fait pour maigrir dans les chemins, traverser des arbres et des arbres, sans jamais revoir les mêmes ; s'en aller dans sa curiosité, connaître. C'est ça connaître.

Jean Giono (1995-1970)

Ce que je cherchais, à travers les épreuves qu’impose l’exploration des déserts et au contact des peuples qui les habitent, c’est la paix de l’âme. Certes, j’avais assigné un but à chacun de ces voyages, mais il n’avait en soi que fort peu d’importance (…) Non, ce n’est pas le but qui importe, mais le chemin qu’on accomplit pour l’atteindre, et, plus le parcours est difficile, plus le voyage a de prix. Qui oserait prétendre qu’il est moins exaltant d’escalader une montagne que d’arriver au sommet par le funiculaire ?

Wilfred Thesiger (1910-2003)

LE VRAI DOMICILE DE L'HOMME N'EST PAS UNE MAISON, MAIS LA ROUTE, ET LA VIE ELLE-MÊME EST UN VOYAGE À FAIRE À PIED.

Bruce Chatwin (1940-1989)

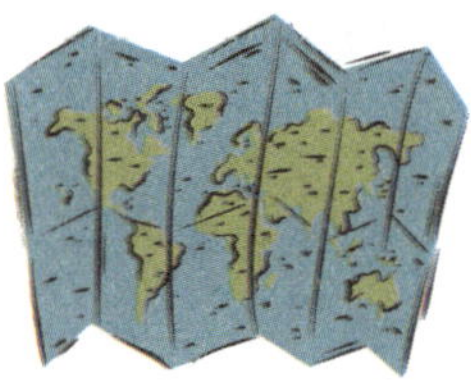

Derrière ces mots, derrière ces signes figurés, étalés conventionnellement sur le plan fictif d'un papier, il me faudra deviner ce qui se trouve réellement en volumes, en pierre et en terre, en montagnes et eaux dans une contrée précisée du monde géographique.

Victor Segalen (1878-1919)

3

TOUCHER À l'essentiel

Cela nous est parfaitement égal qu'il y ait la mer sans limite, et que la pluie couvre hier, aujourd'hui, et demain, nous pourrions tout supporter, même de ne rien voir jamais rien d'autre que le bout de notre proue repoussant de chaque côté sa lèvre d'eau, ce que nous voudrions surtout c'est gouverner parce que gouverner nous donne la certitude d'être aussi vivant que la pluie et que la mer…

Jean Giono (1895-1970)

Il n'empêche, comme c'était beau, comme cela nous était devenu naturel et nécessaire de nous remettre en chemin. Tourner le dos au monde connu et découvrir à chaque pas un pan de monde nouveau. Marcher était notre mission quotidienne, notre mesure du temps et de l'espace. C'était notre façon de penser, d'être ensemble, de traverser le jour, c'était le travail que nos corps faisaient sans nous. (…) Marcher réduisait la vie à l'essentiel : manger, dormir, rencontrer, penser. Aucune invention de notre siècle ne nous servait plus à rien une fois que nous étions en route, mis à part une bonne paire de chaussures et, dans mon cas, un livre dans le sac. (…) Ce n'est que quand nous nous arrêtions que s'immisçaient le besoin, la nostalgie, les ambitions, tous les vides à remplir.

Paolo Cognetti (1978-)

CELUI QUI EST VRAIMENT MEMBRE DE LA CONFRÉRIE NE VOYAGE PAS EN QUÊTE DE PITTORESQUE, MAIS EN QUÊTE (...) DE L'ESPOIR ET DE L'ESPRIT QUI ACCOMPAGNENT LES PREMIERS PAS LE MATIN, ET DE LA PAIX ET DE LA PLÉNITUDE SPIRITUELLE AU REPOS DU SOIR.

Robert Louis Stevenson (1850-1894)

Gavée de chlorophylle et d'azur, j'avais plaisir à m'arrêter, dans des villes ou des villages, devant des pierres que l'homme avait ordonnées. La solitude ne me pesait jamais. Je m'étonnais inlassablement des choses et de ma présence ; cependant, la rigueur de mes plans changeait cette contingence en nécessité. Sans doute était-ce là le sens – informulé – de ma béatitude : ma liberté triomphante échappait au caprice, comme aussi aux entraves, puisque les résistances du monde, loin de me brimer, servaient de support et de matière à mes projets. Pour mon vagabondage nonchalant, obstiné, je donnais une vérité à mon grand délire optimiste ; je goûtais le bonheur des Dieux : j'étais moi-même le créateur des cadeaux qui me comblaient.

Simone de Beauvoir (1908-1986)

“

Les jours s’écoulent ainsi. Il y a tant à faire que le temps ne nous pèse jamais. Même lorsqu’il y a peu à faire à bord, comment pourrions-nous nous ennuyer, entourés comme nous le sommes par tant de paysages extraordinaires tout autour, tant sur la mer que dans le ciel. Les aubes se lèvent avec des lueurs incendiaires surmontées d’arcs-en-ciel qui culminent presque jusqu’au zénith ; les crépuscules marbrent de rose la mer pourpre, alors que les derniers rayons du soleil montent, divergents, dans le ciel avec les reflets du bleu le plus pur. Le long du bord, dans la journée, la mer semble d’un satin azuré pénétré par les rayons lumineux du soleil. En arrière, lorsqu’il y a du vent, s’agitent en profondeur des cohortes de fantômes turquoise, voilées par l'écume laiteuse foulée par la carène du *Snark* à chacun de ses passages dans la lame. La nuit, notre sillage phosphorescent passe à travers des bancs de méduses repoussées par notre lourde coque, pendant qu'en profondeur s'élancent des étoiles filantes aux traînes nébuleuses, sillages de bonites se précipitant à travers la masse immobile des polypes. Et de temps à autre, dans l'obscurité, de plus gros organismes très phosphorescents apparaissent sur chaque bord juste sous la surface, brillant comme des étincelles, révélant des bonites s'abattant sur leurs proies juste sous notre bout-dehors.

Jack London (1876-1916)

Dans le désert, j'avais fait l'expérience d'une liberté impossible dans le monde civilisé, d'une vie allégée de tout bien personnel, et appris qu'en fait, ce qui n'est pas de première nécessité encombre.

Wilfred Thesiger (1910-2003)

**Ces robustes navires,
à l'air désœuvré
et nostalgique,
ne nous disent-ils
pas dans une langue
muette : quand
partons-nous pour
le bonheur ?**

Charles Baudelaire (1821-1867)

4

L'IRRÉSISTIBLE ATTRAIT du départ

Les matelots se passionnent pour leur navire ; ils pleurent de regrets en le quittant, de tendresse en le retrouvant. Ils ne peuvent rester dans leur famille ; après avoir juré cent fois qu'ils ne s'exposeront plus à la mer, il leur est impossible de s'en passer, comme un jeune homme ne se peut arracher des bras d'une maîtresse orageuse et infidèle.

François-René de Chateaubriand (1768-1848)

La mer est sa plus grande joie, son absolution, il se sauve en appareillant.

Yann Queffélec (1949-)

Il faut abandonner beaucoup de choses pour partir (...) Se jeter dans le vide pour aller voir derrière l'horizon.

Bernard Moitessier (1925-1994)

Aime à sauter roches et marches… Repose-toi du son dans le silence… Garde-toi bien d'élire un asile… Ainsi, sans arrêt ni faux pas, sans licol et sans étable, sans mérites ni peines, tu parviendras, non point, ami, au marais des joies immortelles, mais aux remous pleins d'ivresse du grand fleuve Diversité.

Victor Segalen (1878-1919)

DÈS QUE LE VENT SOUFFLERA
JE REPARTIRA
DÈS QUE LES VENTS
TOURNERONT
NOUS NOUS EN ALLERONS

Renaud (1952-)

Ce tourment que le vent
Fait gronder dans mon sang
Ce désir de partir
Et vers tant d'archipels
Et vers tant d'îles qui m'appellent…

Antony Lhéritier (1912-1993)

Je hais l'Europe, la France mon pays, ma succulente patrie que j'enverrais volontiers à tous les diables, maintenant que j'ai entrebâillé la porte des champs.

Gustave Flaubert (1821-1880)

Ils ne pensent tous, d'abord, qu'à renoncer. Ils veulent échapper à ce cauchemar, ne plus jamais entendre les rafales qui montent, qui gagnent en puissance, qui sifflent sur les tons les plus aigus, ce vent furieux qui arrache tout, les embruns de la crête des lames, la toile de la main des équipiers. Non, ne plus jamais revoir ces vagues qui grossissent, se chevauchent, s'empilent, gonflent, se creusent, se dressent comme des montagnes abruptes, juste derrière le bateau, prêtes à l'ensevelir, à le bousculer, à le chavirer, à le submerger, à emporter les hommes sur le pont, à fausser le métal à inonder la cabine, à entraîner le navire, peut-être, jusqu'au fond de la mer à jamais. Non, ne plus guetter dans la nuit cette blancheur phosphorescente qui marque la crête d'une vague qui vient avec un mugissement soyeux, avec un grondement profond de fauve qui retient la puissance de son cri. Non, ils ne veulent plus, au milieu de la nuit, être arrachés de leur couchette par un cri, tandis que le bateau chavire, que l'eau jaillit par la descente, par les aérateurs, que pendant des instants chacun se dit : « Cette fois, ça y est ! » ; puis, lorsque le bateau se redresse, songer en secret : « Et la prochaine fois ? ».

Jean-Michel Barrault (1927-2024)

Au diable le trésor ! C'est l'appel de la mer qui me fait tourner la tête !

Robert Louis Stevenson (1850-1894)

Marius : Les îles Sous-le-Vent ? J'aimerais mieux ne jamais y aller pour qu'elles restent comme je les ai faites. Mais j'ai envie d'ailleurs, voilà ce qu'il faut dire. C'est une chose bête, une idée qui ne s'explique pas. J'ai envie d'ailleurs.

Fanny : Et c'est pour cette envie que tu veux me quitter ?

Marius : Ne dis pas que « je veux », parce que ce n'est pas moi qui commande… Lorsque je vais sur la jetée, et que je regarde le bout du ciel, je suis déjà de l'autre côté. Si je vois un bateau sur la mer, je le sens qui me tire comme une corde. Ça me serre les côtes, je ne sais plus où je suis… Toi, quand nous sommes montés sur le pont transbordeur, tu n'osais pas regarder en bas, tu avais le vertige, il te semblait que tu allais tomber. Et bien moi, quand je vois un bateau qui s'en va, je tombe avec lui.

Marcel Pagnol (1895-1974)

S'EN ALLER,
C'EST GAGNER SON PROCÈS
CONTRE L'HABITUDE.

Paul Morand (1888-1976)

Il est nécessaire d'établir comme une loi que l'aventure n'existe pas. Elle est dans l'esprit de celui qui la poursuit et, dès qu'il peut la toucher du doigt, elle s'évanouit.

Pierre Mac Orlan (1882-1970)

Retourner dans le Désert des Déserts, c'était relever un défi. Y séjourner longtemps, ce serait prendre la véritable mesure de moi-même. En grande partie inexploré, il était l'un des très rares lieux au monde capable de satisfaire ma faim de découvrir ce que personne n'avait découvert avant moi.

Wilfred Thesiger (1910-2003)

5

EXISTER, VIVRE intensément

C'est cet approfondissement intérieur qui n'accède à aucun au-delà transcendant, c'est cette ouverture de la vie humaine à sa simple immanence que nous apprend l'alpinisme et l'ébauche de sa philosophie de la liberté que je viens de tenter : une intensification de l'existence et, en elle, une densification de notre séjour.

Pierre-Henri Frangne (XXIe siècle)

Je ne me souviens pas d'avoir eu, dans tout le cours de ma vie, d'intervalle plus parfaitement exempt de soucis et de peine que celui des sept ou huit jours que nous mîmes à ce voyage… Ce souvenir m'a laissé le goût le plus vif pour tout ce qui s'y rapporte, surtout pour les montagnes et les voyages pédestres. Je n'ai voyagé à pied que dans mes beaux jours, et toujours avec délices. Bientôt les devoirs, les affaires, un bagage à porter, m'ont forcé de faire le monsieur et de prendre des voitures (…) et dès lors, au lieu qu'autrefois dans mes voyages je ne sentais que le plaisir d'aller, je n'ai plus senti que le plaisir d'arriver.

Jean-Jacques Rousseau (1712-1778)

J'ose. Je serai critiqué ? Je serai critiqué. J'aurai peut-être des souffrances, les choses ne se passeront pas comme je le souhaite. Tout est dangereux, on ne peut pas vivre pleinement sans aucun danger. On ne peut pas vivre la sagesse si l'on refuse de vivre.

Arnaud Desjardins (1925-2011)

Pourquoi tu pars en mer ? Pour mettre en phase mon esprit et mes sens. Pour être moi, mon vrai moi, pas un moi appris à l'école. Pour échapper à la vie domestique, et, comme disait Huckleberry Finn : « Parce que tante Sally veut m'adopter et me transformer en civilisé. » Tu n'es pas civilisé ? J'aime la mer, je suis libre.

Yann Queffélec (1949-)

Je n'oublierai jamais ces jours froids et purs, exempts de soucis compliqués ; j'étais heureuse de ne rien posséder d'autre qu'un sac de couchage et les vêtements que je portais, et je dégustais la tsamba mêlée à du thé dont je me nourrissais. Il me semblait que, dussé-je ne jamais rentrer chez moi, la joie calme que je ressentais ne pourrait jamais s'altérer ; et ce détachement n'avait aucun rapport avec de l'indifférence, car je me sentais vivre intensément.

Ella Maillart (1903-1997)

Voyager n'est qu'une manière parmi d'autres de naître toute sa vie.

Anonyme

Il meurt lentement celui qui ne voyage pas,
qui ne lit pas,
qui n'écoute pas de musique
qui ne sait trouver grâce à ses yeux.
Il meurt lentement celui qui détruit son amour-propre,
qui refuse toute aide.
Il meurt lentement celui qui devient esclave de l'habitude
qui refait chaque jour le même chemin,
qui ne change jamais de repère,
n'ose jamais changer la couleur de ses vêtements
ou qui ne parle jamais à un inconnu.
Il meurt lentement celui qui évite la passion
et son tourbillon d'émotions
de celles qui redonnent lueur dans les yeux
et restaurent les cœurs blessés.
Il meurt lentement celui qui ne change pas de cap
quand il est malheureux au travail ou en amour
qui ne prend aucun risque pour courir après un rêve
qui ne se permet, ne serait-ce qu'une fois dans sa vie
de fuir les conseils sensés…
Vis aujourd'hui !
Risque-toi aujourd'hui !
Agis aujourd'hui !
Ne te laisse pas mourir lentement !
Ne te prive pas d'être heureux !

Martha Madeiros (1961-)

L'homme a besoin d'arrimer son savoir
Mais il lui faut un espace vide
Dans lequel se mouvoir

Je vivais et marchais
Comme jamais encore
Devenais un peu plus qu'humain
Connaissais une plus large identité

Les traces de caribou sur la neige
Le vol des oies sauvages
L'érable rouge à l'automne
Mordu par le gel
Tout me devint plus réel
Plus réellement moi
Que mon nom même.

Kenneth White (1936-)

6

HUMILITÉ, simplicité

L'effort humain est quelque chose, mais c'est dans l'humilité que l'homme combat les forces géantes de la nature. Il a alors le sentiment profond qu'il dépend d'un pouvoir plus haut que le sien.

Ernest Shackleton (1874-1922)

Tu sais qu'il n'y a même pas une seule photo d'Hillary sur l'Everest lors de cette première ascension de 1953 ? Hillary avait un appareil et il a photographié Tenzing sur fond de profil montagneux, mais il n'a pas demandé à Tenzing de le prendre en photo. Ce n'est pas curieux, ça ? Hillary était là-haut au nom de la collectivité, il n'était qu'un représentant de l'espèce humaine. J'ignore s'il a eu la tentation de passer l'objectif à Tenzing. Je sais qu'il ne l'a pas fait et pour moi ce déclic raté est le plus beau de tous, un signe d'humilité qui donne la priorité à l'exploit, non pas à celui qui l'accomplit. Ce grand échalas osseux néo-zélandais d'un mètre quatre-vingt-douze ne s'est pas fait prendre au sommet de l'Everest. C'est pour moi une leçon.

Erri De Luca (1950-)

J'aimerais que la mer soit une source d'inspiration en matière d'éthique et une façon de retrouver du sens à une existence à terre. À mon avis, il y a beaucoup de choses utiles et précieuses à apprendre de la fréquentation de la mer. Entre autres l'humilité, la ténacité, la patience, la collaboration et la vigilance. Mais avant tout la liberté. C'est naturellement un paradoxe. Sur un bateau, on est prisonnier comme nulle part ailleurs. On ne peut rien faire d'autre que continuer à naviguer, si l'on veut survivre. Mais, en même temps, on est plus libre qu'en aucun autre endroit sur terre. Plus libre, devant l'horizon illimité, de rêver à toutes les vies possibles et impossibles.

Björn Larsson (1953-)

On peut sauter plus haut, aller plus loin, montrer plus de courage, élever le niveau d'endurance, mais il ne faut jamais, jamais, oublier d'être simple.

Mike Horn (1966-)

LA MONTAGNE N'EST NI JUSTE NI INJUSTE, ELLE EST DANGEREUSE.

Reinhold Messner (1944-)

EN BATEAU, ON SAIT OU ON NE SAIT PAS. MALHEUR AUX TRICHEURS. L'OCÉAN EST SANS PITIÉ.

Éric Tabarly (1931-1998)

Sur l'île, je me trouve peut-être devant cette chose qu'on cherche à tout prix à nous cacher et qui pourrait nous sauver du naufrage : le sens de la limite. Que cela nous ferait donc du bien, un peu de crainte saine et superstitieuse du courroux de Dieu – ou des dieux – afin de nous guérir de cette morgue obscène qu'engendre notre conviction d'être sûrs de nous et rassasiés, dans un monde empli de vacarme et de démence.

Paolo Rumiz (1947-)

Le capitaine apparaît encore comme un navigateur aventureux qui sonde des mers inconnues à travers les plus imminents dangers.

Il se montre enfin exerçant journellement son pouvoir prestigieux, et l'on bat des mains ! – Mais on ne sait pas que sa couronne, si fleuronnée qu'elle paraisse, est bien souvent, hélas, comme toutes les autres, une couronne d'épines.

En montant à bord, le capitaine doit commencer par se dompter lui-même ; il faut qu'il dépouille entièrement l'homme privé, qu'il renonce à ses goûts, à ses affections, à ses sentiments personnels. Pour lui, pas d'égaux, pas de camarades, pas d'amis ; jamais de naturel, jamais d'abandon.

Gustave de La Landelle (1812-1886)

7

RECONNEXION À l'Univers

Héros, savant, artiste, apôtre, aventurier, chacun troue à son tour le mur noir des mystères. Et grâce à ces labeurs groupés ou solitaires, l'Être nouveau se sent l'Univers tout entier.

Émile Verhaeren (1855-1916)

Les psychiatres, les politiciens, les tyrans nous assurent depuis toujours que la vie vagabonde est un comportement aberrant, une névrose, une forme d'expression des frustrations sexuelles, une maladie qui, dans l'intérêt de la civilisation, doit être combattue. Les propagandistes nazis affirmaient que les Tsiganes et les Juifs – peuples possédant le voyage dans leurs gènes – n'avaient pas leur place dans un Reich stable. Cependant à l'Est, on conserve toujours ce concept, jadis universel, selon lequel le voyage rétablit l'harmonie originelle qui existait entre l'homme et l'univers.

Bruce Chatwin (1940-1989)

Un enfant élevé dans la croyance qu'une montagne est la demeure d'un esprit protecteur sera un être profondément différent de celui éduqué dans l'idée que cette montagne est une masse rocheuse inerte propre à l'exploitation minière.

Wade Davis (1953-)

Voyager est une brutalité. Cela vous oblige à faire confiance à des étrangers et à perdre de vue tout le confort familier de la maison et des amis. Vous êtes constamment déséquilibrés. Rien n'est à vous sauf les choses essentielles : l'air, le sommeil, les rêves, la mer, le ciel. Toutes choses tendant vers l'éternel ou ce que nous en imaginons.

César Pavese (1908-1950)

En voyage,
le gris devient rose.

Paul Morand (1888-1976)

Quand pendant des mois de suite on a voyagé d'une manière pratiquée il y a déjà des milliers d'années, à dos de chameau, et à l'allure moyenne de vingt kilomètres par jour, c'est un contraste saisissant d'en faire deux mille d'une traite ! Ce vol miraculeux me donna des haut-le-cœur, mais activa mes pensées : je n'étais plus la même personne qu'à mon départ. Je n'étais plus uniquement Suissesse ou Européenne ; je me sentais liée au monde dans son ensemble et j'avais l'impression que je ne serais plus jamais tout à fait chez moi à Genève.

Ella Maillart (1903-1997)

À force de marcher seule dans la nature, Mara avait la sensation de se connecter à la terre, aux arbres. Plus exactement de se reconnecter. Comme si elle se réconciliait avec une force tellurique, une force ancienne et familière. Elle la quittait le soir à regret en entrant dans les villes, et la retrouvait avec délices le lendemain matin de retour sur le chemin.

Manon Moreau (1981-)

Quand je veux me recréer, je cherche le bois le plus sombre, le plus épais et le plus interminable, et, pour les citadins, le plus lugubre marécage. J'entre dans un marais comme en un lieu sacré – un *sanctum sanctorum*.

**IL Y A LA FORCE,
LA MOELLE DE LA NATURE.**

Henry David Thoreau (1817-1862)

8

ALLER AU BOUT DE ses rêves

Dans vingt ans, vous serez plus déçu par les choses que vous n'avez pas faites que par celles que vous avez faites. Alors sortez des sentiers battus. Mettez les voiles. Explorez. Rêvez. Découvrez.

Mark Twain (1835-1910)

Quoique tu rêves
d'entreprendre,
commence-le.
L'audace a du génie,
du pouvoir,
de la magie.

Johann Wolfgang von Goethe
(1749-1832)

Et voici le croisement de rues atteint et nous voici, nous les deux gosses, souffletés par le vent marin. Alors, tout ce qui faisait notre vie – famille, collège, camarades – disparaissait. Nous subissions une sorte d'envoûtement. Nous nous trouvions dans un autre monde. Tout y était différent : les hommes, les formes, les bruits, les odeurs, la vie elle-même. Là, plus rien n'était stable ni limité. Nous qui avions bavardé pendant toute la classe, marchions silencieux. Pourquoi parler ? Il nous fallait voir, nourrir notre émotion. Il y avait l'eau noire à nos pieds, cent coques de navires, ce fanal vert, cette passerelle appuyée, semblait-il, à cette courte cheminée d'où s'échappait encore un filet de fumée. Il y avait ces mâts, cette hune, cette voile qui claquait au vent, ce cri de sirène. Il y avait les hommes

chargés de leur vie de marin, que nous regardions cherchant à percer leur secret, à découvrir leur joie intime. À quelque cent mètres était la porte du large (…) Parfois nous posions une main sur une coque en bois. Il nous arrivait de regarder par un hublot ouvert au ras de l'eau. Oui, nous aussi serions des marins, vivrions sur ces navires, dans ces cabines étroites, errant sans cesse, sans attache avec la terre. À la table de famille, nos mères ne reconnaissaient pas nos yeux chargés de rêves.
Nous n'avions aucun souci de savoir comment nous deviendrions marins ou plutôt comment nous deviendrions capitaines marins. Car nous serions capitaines marins. Mieux : déjà nous l'étions.

Édouard Peisson (1896-1963)

Persévérez sur la voie de vos rêves. Nous avons tous un destin à découvrir, à inventer, à construire.

Jean-Louis Étienne (1946-)

Si l'on avance avec confiance dans la direction de ses rêves, si l'on essaie de vivre la vie qu'on a imaginée, on sera payé d'un succès inattendu en temps ordinaire. On laissera certaines choses en arrière, on franchira une frontière invisible.

Henry David Thoreau (1817-1862)

La mer, c'est le cœur du monde. Vouloir visiter les océans, c'est aller se frotter aux couleurs de l'absolu.

Olivier de Kersauson (1944-)

Et ma prérogative sur les mers est de rêver pour vous ce rêve du réel.

Saint-John Perse (1887-1975)

C'est une chose bien mystérieuse que les passions humaines et il en va de même en cette matière pour les enfants et pour les adultes. Ceux qui sont atteints ne peuvent pas s'expliquer, et ceux qui n'ont rien vécu de semblable ne peuvent pas les comprendre. Il y a des hommes qui risquent leur vie pour venir à bout d'un pic de montagne. Personne, pas même eux, ne pourrait vraiment expliquer pourquoi.

Michael Ende (1929-1995)

N'ayez pas peur… Laissez-vous guider par votre rêve, même si vous devez momentanément le mettre de côté pour trouver un emploi ou payer votre loyer. Et restez toujours ouvert aux opportunités de sortir du cadre pour mener la vie et faire les choses qui vous inspirent profondément… N'ayez pas peur.

Jane Goodall (1934-)

9

IL NE TIENT qu'à toi

Il n'y a rien que l'on désire autant que vivre ? Qu'est-ce que vivre ? C'est être mû de l'intérieur, par sa propre impulsion. Ce qui est mû de l'extérieur ne vit pas… Nous pouvons et nous devons œuvrer par nos propres forces, de l'intérieur.

Maître Ekhart (vers 1260-1328)

Votre corps est la harpe de votre âme, il ne tient qu'à vous d'en tirer une douce musique ou des sons confus.

Khalil Gibran (1883-1931)

Il s'agit simplement de comprendre que les autres ne sont que notre miroir… Mais aussi que tout ce qui arrive en face de nous, dans notre vie, n'est que le reflet de quelque chose qui se trouve à l'intérieur de nous. Ceci constitue le premier élément de Ho'oponopono. Et en allant plus loin, il s'agit d'intégrer que nous sommes bien les créateurs de tout ce qui nous entoure et de tout ce qui se déroule dans notre vie. Je suis le créateur de mon univers physique tel qu'il est et si je corrige mes pensées je peux changer ma réalité.

Luc Bodin (XXIe s.)

NOUS PORTONS DÉJÀ TOUT LE POUVOIR DONT NOUS AVONS BESOIN À L'INTÉRIEUR DE NOUS.

J. K. Rowling (1965-)

Une graine a en elle-même tout ce qu'il faut pour faire un arbre, si on lui donne tout ce dont elle a besoin pour cela, la terre et l'eau. Sans eux, l'arbre ne poussera pas. Il en est de même pour toi. La terre et l'eau dont tu as besoin, c'est à toi et à toi seul de les donner à ta graine. Ta terre, ton eau, c'est ton courage et ta volonté. Sans eux, rien ne poussera en toi… Le courage et la volonté, ne les cherche pas ailleurs… tu ne les trouveras qu'en toi.

Paul-Émile Victor (1907-1995)

Un autre jour, à Bagdad, on avait pendu un voleur et Junaîd était venu lui baiser les pieds.

— Pourquoi agissez-vous ainsi ? lui demandèrent ses disciples.

— Il a fini par mourir de son métier, répondit Junaîd ; à votre tour, armez-vous de courage et risquez, s'il le faut, votre tête dans l'accomplissement de votre œuvre

Farid al-Din Attar (1142-1220)

EXIGE BEAUCOUP DE TOI-MÊME ET ATTENDS PEU DES AUTRES. AINSI, BEAUCOUP D'ENNUIS TE SERONT ÉPARGNÉS.

Confucius (551-479 av. J.-C.)

Ce guerrier de l'intérieur, animé de l'idéal du samouraï, c'est toi, c'est moi. Ni héros ni ascète, il décide de donner un sens à sa vie. De se changer lui-même et de rendre ainsi le monde meilleur.

Robert Matthieu (1946-)

Le bonheur n'est pas comme cet objet en vitrine que vous pourrez choisir, payer, emporter. Si vous l'avez regardé, il sera bleu ou rouge chez vous comme dans la vitrine. Tandis que le bonheur n'est bonheur que quand vous le tenez. Si vous le cherchez dans le monde, hors de vous-même, jamais rien n'aura l'aspect du bonheur.

Alain (1868-1951)

10

À LA RENCONTRE des autres

Nous étions dans le vrai désert, là où les différences de race et de couleur, de richesse et de prestige social, sont dénuées de toute signification – ou presque ; là où les masques de l'affectation tombent, et où seules apparaissent les vertus fondamentales. Là où les hommes se rapprochent les uns des autres.

Wilfred Thesiger (1910-2003)

VOYAGER
SANS RENCONTRER L'AUTRE,
CE N'EST PAS VOYAGER,
C'EST SE DÉPLACER.

Alexandra David-Neel, (1868-1969)

VOYAGE AVEC DEUX SACS, L'UN POUR DONNER, L'AUTRE POUR RECEVOIR.

Johann Wolfgang von Goethe (1749-1832)

Un voyageur digne de ce nom ne peut s'intéresser à lui-même et cherche hors de soi matière à l'émerveillement. Pourquoi partir si c'est pour faire le tour de soi ? La mosaïque du monde est riche de tant de carrés, comment perdre du temps sur son misérable tas de secrets intérieurs ?

Sylvain Tesson (1972-)

J'ai la complexion du corps libre et le goût commun autant qu'homme du monde. La diversité des façons d'une nation à l'autre ne me touche que par le plaisir de la variété. Chaque usage a sa raison (…) Quand j'ai été ailleurs qu'en France et que, pour me faire courtoisie, on m'a demandé si je voulais être servi à la française, je m'en suis moqué et me suis toujours jeté aux tables les plus épaisses d'étrangers. J'ai honte de voir nos hommes enivrés de cette sotte humeur, de s'effaroucher des formes contraires aux leurs : il leur semble être hors de leur élément quand ils sont hors de leur village. Où qu'ils aillent, ils se tiennent à leur façon et abominent les étrangères. Retrouvent-ils un compatriote en Hongrie, ils festoient cette aventure : les voilà à se rallier et à se recoudre ensemble, à condamner tant de mœurs barbares qu'ils voient. Pourquoi non barbares, puisqu'elles ne sont françaises ? Encore sont-ce les plus habiles qui les ont reconnues, pour en médire. La plupart ne prend l'aller que pour le venir. Ils voyagent couverts et resserrés d'une prudence taciturne et incommunicable, se défendant de la contagion d'un air inconnu.

Michel de Montaigne (1533-1592)

La seule vue d'un sentier à peine ébauché qui coupe le vôtre est cause d'une joie infinie. On se dit : il y en a donc d'autres aussi qui traversent ces solitudes.

Louis Gustave Binger (1856-1936)

Une des raisons profondes qui me poussent à marcher, c'est entre autres d'affronter l'inconnu des rencontres, de provoquer des contacts chaque jour imprévus, différents, de vivre en somme une sorte d'épreuve, passionnante et rebutante tout à la fois : être toujours l'étranger, jugé, admis ou refusé selon son apparence, essayer de révéler ce que l'on est dans les quelques instants d'un dialogue sur une route, dans un café ou une cour de ferme.

Jacques Lacarrière (1925-2005)

Un voyage se mesure mieux en amis plutôt qu'en kilomètres.

Didier Labouche (1963-)

11

À LA RENCONTRE de soi

Même si tu ne sais pas ce que tu cherches, pensai-je, il n'y a pas meilleur chemin que le torrent : il t'indique toujours la direction, monte à sa propre source et plus tu le vois devenir limpide, plus tu sens que sa pureté approche, et la tienne avec.

Paolo Cognetti (1978-)

Je sens que je vais vaincre le pilier du Dru, que plus rien ne m'en empêchera. Et je sens que j'ai passé de bien plus lointaines et invisibles frontières. Je sais que j'ai franchi la barrière qui me séparait de mon âme, je sens que le nœud que j'avais à l'intérieur de moi-même s'est enfin délié. Dans l'émotion de cet instant, je me surprends à pleurer et puis à chanter.

Walter Bonatti (1930-2011)

Connaître les autres est intelligence ; se connaître soi-même est la vraie sagesse.

Lao Tseu (VIe-Ve s. av. J.-C.)

Il n'est pas plus étonnant de naître deux fois qu'une.

Voltaire (1694-1778)

Elles sont là dans toute leur agressive beauté, et l'homme moderne les a toutes gravies, même par leurs plus difficiles parois, sans jamais se lasser d'y retourner pour sa plus grande joie, pour sa propre expérience, pour s'affirmer lui-même en tant qu'homme.

Roger Frison-Roche (1906-1999)

**La montagne
n'a jamais été
pour nous un abîme
vertigineux, peuplé
de dieux obscurs,
mais un miroir
où paraît notre
humanité.**

Henri Focillon (1881-1943)

Tout chemin est d'abord enfoui en soi avant de se décliner sous les pas. Il mène à soi avant de mener à une destination particulière. Et parfois, il ouvre enfin la porte étroite qui aboutit à la transformation heureuse de soi.

David Le Breton (1953-)

Celui qui va jusqu'au bout de son cœur connaît sa nature d'homme. Connaître sa nature d'homme c'est alors connaître le ciel.

Mensius (vers 380-vers 289 av. J.-C.)

À QUOI BON EMPRUNTER SANS CESSE LE MÊME VIEUX SENTIER ? VOUS DEVEZ TRACER DES SENTIERS VERS L'INCONNU. SI JE NE SUIS PAS MOI, QUI LE SERA ?

Henry David Thoreau (1817-1862)

Je t'en prie, laisse-moi cette forêt sans sentier, cette montagne sans topo, cette région avec ses cartes fausses. Je m'y perdrai mais je ne m'y retrouverai que mieux, et peut-être deviendrai-je meilleur.

Lionel Daudet (1968-)

Chaque homme est une montagne intérieure aux multiples faces, aux arrêtes plus ou moins effilées, laissant le vide chuter profondément le long des parois. Une montagne que l'on peut, comme sa jumelle de granit, escalader respectueusement (…). Au pied de moi-même, je porte un regard nouveau et la montagne bouge. Je suis montagne vivante, que le vent et la glace érodent sans cesse, mais qui s'élance, avec majesté, vers les cieux.

Matthieu Fournier (1988-)

12

ÉGAREMENT, SOLITUDE : L'ART DE la fugue

Je suis enfin libéré, j'avance vers autre chose, et l'errance est le passage. Je vais vers mes désirs comme un automate, sans états d'âme, heureux d'être enfin dans le présent.

Raymond Depardon (1942-)

La deuxième règle est la lenteur et l'égarement. Rien n'est plus hostile au voyage que l'avion. Cet engin déteste la patience des choses. Le train même est un peu précipité, haletant, nerveux. Et comme on n'a pas toujours une pirogue ou un cheval sous la main, il faut ruser de manière à soumettre son déplacement à la lente et capricieuse horloge du monde. C'est ici que l'égarement joue son petit rôle. On peut faire l'effort de s'embrouiller dans les routes et de voyager comme éberlué. Un bon truc est de se tromper de gare, mais sans le faire exprès bien entendu. Quand on échoue à se tromper de train ou de capitale, du moins doit-on avoir la prudence de ne pas chercher à comprendre le pays où l'on arrive : je ne vais pas dans un pays pour le connaître, mais pour l'ignorer un peu mieux, non pour le trouver, mais pour le perdre, et me perdre en prime.

Gilles Lapouge (1923-2020)

Nous voyageons pour l'amour, nous voyageons pour l'architecture et nous voyageons pour nous perdre.

Ray Bradbury (1920-2012)

Je me suis mis à chérir la solitude. Les nuits, les lumières, les heures froides entre minuit et quatre heures du matin. Le second quart. Le quart du chien. Les mouillages dans les baies sans aucun autre navire. Les conversations avec moi-même et avec mon voilier. Je perdais de vue le reste de ma vie.

Toine Heijmans (1969-)

TOUS CEUX QUI ERRENT NE SONT PAS PERDUS.

J. R. R. Tolkien (1892-1973)

Une des choses les plus agréables au monde est de partir en voyage : pour ma part, j'aime voyager seul. Le marcheur a tout intérêt à opter pour la solitude qui lui permet de « lire le livre de la nature » sans être perpétuellement mis dans la pénible obligation de la traduire au bénéfice d'autrui (…) Il me plaît de voir mes idées vagues flotter tel le duvet de chardon, sans être tenues d'aller s'empêtrer dans les églantiers et les aubépines de la controverse.

William Hazlitt (1778-1830)

Je suis sûr que si je cherche un compagnon de promenade, je renonce à une certaine intimité de communion avec la nature. Ma promenade en sera certainement plus banale. Le goût de la société prouve l'éloignement de la nature. Adieu, ce quelque chose de profond que je trouve en me promenant.

Henry David Thoreau (1817-1862)

Je mis à ce voyage une quinzaine de jours, que je peux compter parmi les plus heureux de ma vie. J'étais jeune, je me portais bien, j'avais assez d'argent, beaucoup d'espérances, je voyageais, je voyageais à pied et je voyageais seul… Mes douces chimères me tenaient compagnie, et jamais la chaleur de mon imagination n'en enfanta de plus magnifiques… Jamais je n'ai tant pensé, tant existé, tant vécu, tant été moi, si j'ose dire, que dans ceux que j'ai fait seul à pied.

Jean-Jacques Rousseau (1712-1778)

IL FAUT SORTIR, APPROFONDIR LES LIEUX, OUVRIR L'ESPACE. ÉCRIRE LA LUMIÈRE QUI PASSE.

Kenneth White (1936-)

Changer de cadre, abandonner Londres et l'Angleterre et traverser l'Europe comme un clochard – ou, selon une de mes formules typiques, comme un pèlerin ou un moine itinérant, un goliard, un chevalier désespéré… Voilà qui n'était pas seulement évident, mais bien la seule chose à faire. Je voyagerais à pied, dormirais dans les meules en été, m'abriterais dans les granges quand il pleuvrait ou neigerait et ne fréquenterais que les paysans et les clochards… Une vie nouvelle ! La liberté ! Quelque chose que je puisse écrire.

Patrick Leigh Fermor (1915-2011)

13

LES DÉLICES DE l'imaginaire

L'aventure n'existe pas. Elle est dans l'esprit de celui qui la poursuit, et dès qu'il peut la toucher du doigt, elle s'évanouit pour renaître bien plus loin, sous une autre forme, aux limites de l'imagination.

Pierre Mac Orlan (1882-1970)

Rapide comme le vent, la pensée peut courir, et s'étalant, divagant, se perdant, elle ne rencontre comme eux que des flots ; puis, au fond, il est vrai, tout au fond, là-bas, dans l'horizon des rêves, la vague Amérique, peut-être des îles sans nom, quelques pays à fruits rouges, à colibris et à sauvages, ou le crépuscule muet des pôles, avec le jet d'eau des baleines qui soufflent, ou les grandes villes éclairées en verres de couleur, le Japon aux toits de porcelaine, la Chine avec les escaliers à jour, dans des pagodes à clochettes d'or.

C'est ainsi que l'esprit, pour rétrécir cet infini dont il se lasse sans cesse, le peuple et l'anime. On ne songe pas au désert sans les caravanes, à l'Océan sans les vaisseaux, au sein de la terre sans les trésors qu'on lui suppose.

Gustave Flaubert (1821-1880)

**Je rêvais croisades,
voyages de découvertes
dont on n'a pas de
relations, républiques
sans histoires, guerres
de religions étouffées,
révolutions de mœurs,
déplacements de races
et de continents :
je croyais à tous les
enchantements.**

Arthur Rimbaud (1854-1891)

Un être rencontré, un mot cueilli au passage, et voici que germe l'idée de partir ; parfois elle attend des années, dans l'ombre, son heure. Parfois, l'on joue à préparer une impossible fuite, en sachant bien qu'on ne s'y donnera pas, et l'on est surpris de voir qu'on a déclenché automatiquement une machine dont on n'est plus maître : nous ne pensions pas vraiment que cela pût arriver, et nous voici dans le train ! Aucun voyage n'est aussi beau que ceux dont on rêve.

Paul Morand (1888-1976)

C’est d’abord une interrogation, un désir tenace d’en savoir plus, de découvrir la singularité d’un morceau de montagne aperçu un jour dans l’échancrure d’une brèche, ou deviné très en amont des gorges d’une vallée sauvage. C’est parfois le choc d’une simple photo, sans doute un peu flatteuse, sommet majestueux, lac d’outremer, cirque glaciaire d’un massif inconnu. Il faut alors se pencher sur la carte, la prendre en main, scruter attentivement les évidences et les secrets du terrain convoité ; carte précise, évocatrice, généreusement légendée, carte sachant pourtant préserver ses mystères, tels ces chemins à continuité aléatoire et ces détails linéaires non identifiés… Négligeant ces chausse-trappes, évitant d’instinct les vallées sans âme et les sommets sans attrait, on explore donc le nouveau territoire à travers le gris moucheté des éboulis, l'ocre des rochers, le blanc-bleu des glaciers. Poussé par la curiosité, on se plaît à suivre des tracés de plus en plus fins, à franchir le pointillé des passages délicats, à évaluer les altitudes et les dénivelées, à jauger les difficultés de l'escalade, là où les courbes de niveau disparaissent, laissant soupçonner d'affreuses déclivités.

La pensée se faufile dans ce désert minéral, l'idée fait son chemin, l'aventure a déjà commencé.

Pierre Gilloire (1933-)

Mais l'histoire de Michel Strogoff aurait pu se passer, non moins entraînante et convaincante ailleurs dans le monde (…) Non, ce qui, de ce livre, est resté toute ma vie lié à la Russie, ce ne sont guère que quelques mots et quelques images ; des noms de lieux dont la sonorité rude, brutale même : Omsk, Tomsk, Irkoutsk, suffisait à les rendre étranges et à faire voyager très loin celui qui les entendait, avant même qu'il sût rien d'eux.

Philippe Jaccottet (1925-2021)

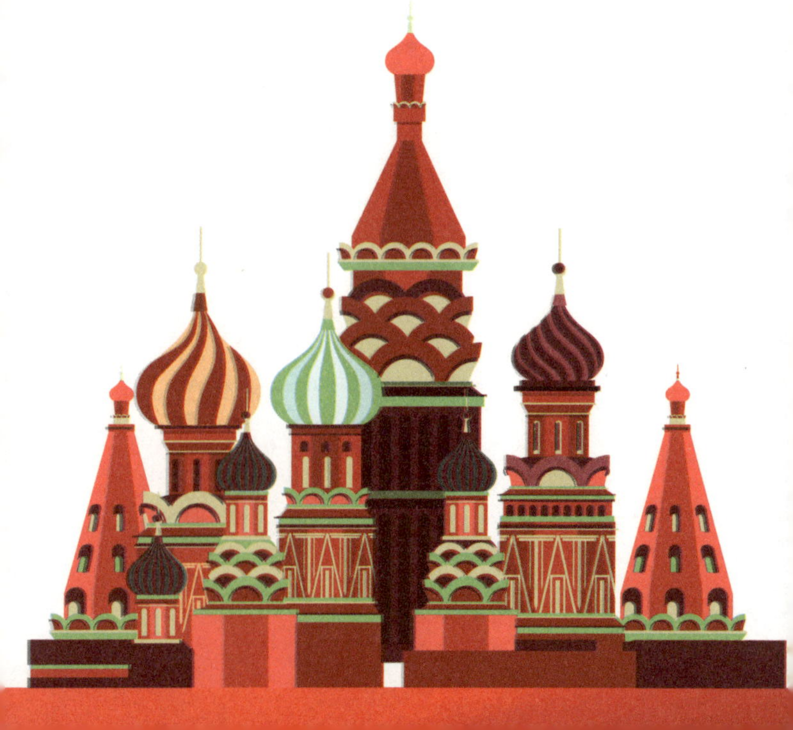

On ne voyage pas si on ne rêve pas le voyage qu'on fait. Je ne parle pas du rêve qui endort, mais de celui qui réveille, en nage, à la gorge, l'hirsute, le traviole, le pas racontable, le si beau qu'on arrête de vieillir.

Daniel Mermet (1942-)

J'aime la grande route. Il est peu de vues qui me plaisent plus : cet objet a exercé son pouvoir sur mon imagination depuis la prime enfance, au temps où sa ligne disparaissant dans le lointain, chaque jour suivie du regard jusqu'au versant dénudé très au-delà des limites franchies par mes pieds, semblait guider, sinon vers l'éternité, au moins vers des choses inconnues, infinies.

William Wordsworth (1770-1850)

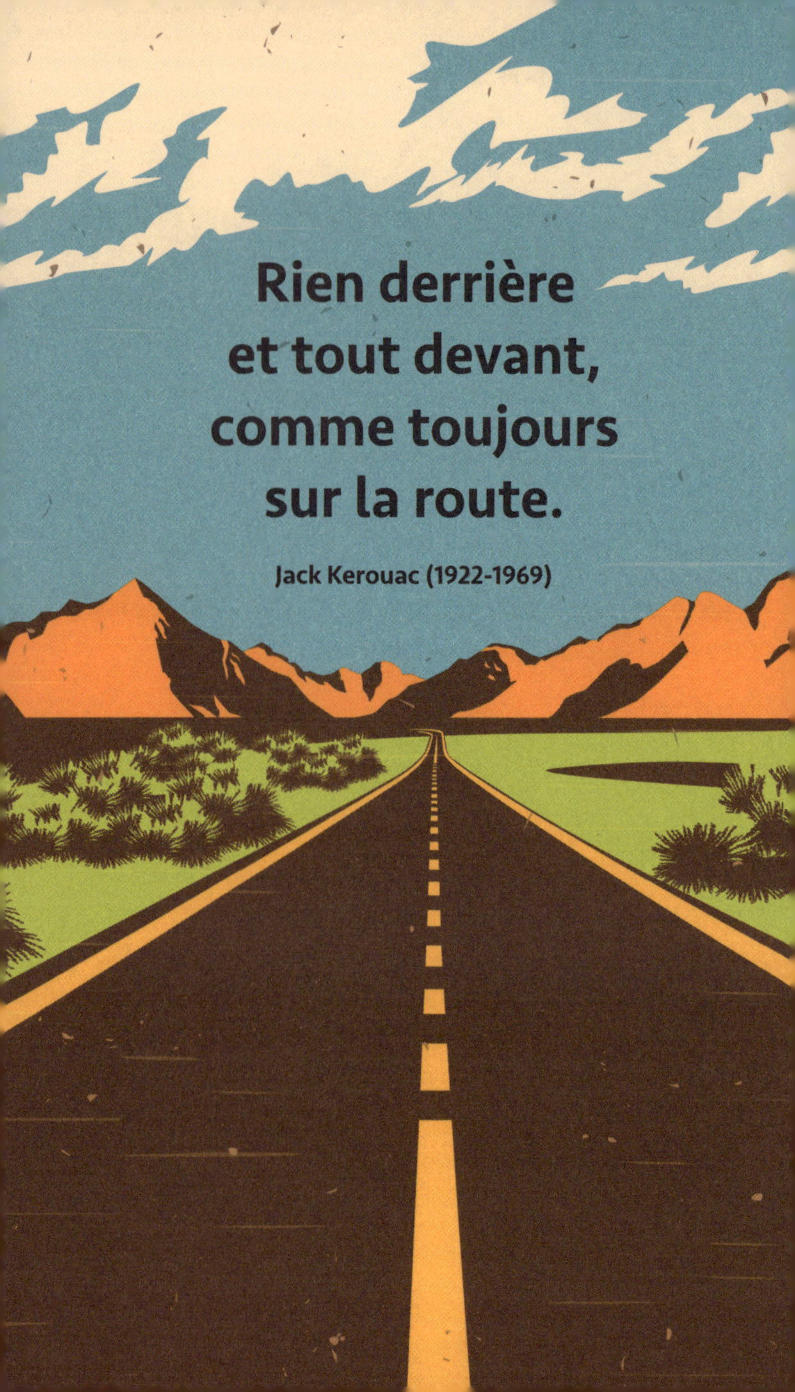
Rien derrière
et tout devant,
comme toujours
sur la route.
Jack Kerouac (1922-1969)

NOUS VOYAGEONS POUR CHERCHER D'AUTRES VIES, D'AUTRES ÉTATS, D'AUTRES ÂMES.

Anaïs Nin (1903-1977)

Peut-être que ce besoin est effectivement insatiable qui nous pousse à rechercher l'inconnu, ce qui demeure vierge de traces et de noms jusque dans des territoires quadrillés par la science, à rechercher cette place blanche, immaculée dans laquelle nous pourrons inscrire une image de nos rêves éveillés.

Christoph Ransmayr (1954-)

14

L'AVENIR POUR SEUL horizon

C'est peut-être aussi pour cela que nous allons en montagne. Pour nous souvenir d'un temps où nous savions ne rien savoir et nous l'acceptions avec bonheur, car il y avait ce goût de la vie devant soi.

Cédric Sapin-Dufour (1975-)

Le voyage pour moi,
ce n’est pas arriver,
c’est partir. C’est l’imprévu
de la prochaine escale,
c’est le désir jamais comblé
de connaître sans cesse
autre chose, c’est demain,
éternellement demain.

Roland Dorgelès (1885-1973)

Fuir à travers forêts, soleils, rives et savanes, ne plus se soucier de rien. Partir nous console, nous donne un autre jour, une autre chance, accorde une autre fois, nous rend à nous-mêmes, inentamés. Partir, c'est le demain éternel. Une vie libre, errante et gratuite, implorait Rimbaud, puisqu'elle se révèle trop sédentaire, entravée, coûteuse. Que la géographie, espace en nous à déplier, soit un onguent et un philtre… « J'ai mal dormi de joie », s'enthousiasmait Segalen dans la baie de Tahiti. Une aube, une allégresse. Recommencer est notre luxe, une revanche.

Jean-Luc Coatalem (1959-)

Le souvenir n'a de valeur que quand on sait que l'on repartira pour un nouveau voyage. Le pire des reniements, le plus grand désespoir est de jeter l'ancre dans son pays et de vivre de souvenirs.

Nikos Kavvadias (1910-1975)

Dernièrement, en fouillant une vieille commode, dans les combles du château, j'ai retrouvé mon atlas d'enfant et j'y ai revu les voyages imaginaires que j'avais tracés sur les cartes avec mon crayon rouge, et les noms de villes que j'y avais soulignés (...) Moi aussi je vivais dans l'avenir et tout était prévu, mais non pas consciemment. Seulement, je savais que viendrait une époque où l'on me rendrait ma vie et où j'aurais la permission d'en faire ce que je voudrais.

Valery Larbaud (1881-1957)

Alain (1868-1951), philosophe, journaliste.
Attar Farid al-Din (1142-1220), poète persan.
Barrault Jean-Michel (1927-2024), journaliste, écrivain.
Basho Matsuo (1644-1694), poète japonais.
Baudelaire Charles (1821-1867), poète.
Beauvoir Simone de (1908-1986), écrivaine, philosophe.
Binger Louis Gustave (1856-1936), militaire, explorateur.
Bodin Luc (XXIe s.), médecin, naturopathe, écrivain, conférencier.
Bonatti Walter (1930-2011), alpiniste, écrivain italien.
Bouvier Nicolas (1929-1998), écrivain voyageur suisse.
Bradbury Ray (1920-2012), écrivain américain.
Chateaubriand François-René de (1768-1848), poète, écrivain.
Chatwin Bruce (1940-1989), écrivain voyageur britannique.
Coatalem Jean-Luc (1959-), journaliste, écrivain.
Cognetti Paolo (1978-), écrivain de montagne italien.
Confucius (551-479 av. J.-C.), philosophe chinois.
Daudet Lionel (1968-), alpiniste, guide de haute montagne, écrivain.
David-Néel Alexandra (1868-1969), tibétologue, exploratrice, écrivaine voyageuse.
Davis Wade (1953-), ethnobotaniste, anthropologue canadien.
De Luca Erri (1950-), écrivain de montagne, poète italien.
Depardon Raymond (1942-), photographe, cinéaste.
Desjardins Arnaud (1925-2011), réalisateur de télévision, enseignant spirituel.
Destremau Sébastien (1964,-), navigateur, skipper.
Dorgelès Roland (1885-1973) écrivain, journaliste.
Ende Michael (1929-1995), écrivain allemand.
Étienne Jean-Louis (1946-), médecin, explorateur polaire.
Flaubert Gustave (1821-1880), écrivain.
Focillon Henri (1881-1943), historien de l'art.
Fournier Matthieu (1988-), journaliste, présentateur suisse.
Frangne Pierre-Henry (XXIe s.), universitaire, professeur de philosophie.

Frison-Roche Roger (1906-1999), alpiniste, journaliste, écrivain.
Gibran Khalil (1883-1931), poète libanais.
Gilloire Pierre (1933-), haut fonctionnaire, écrivain.
Giono Jean (1995-1970), écrivain.
Goethe Johann Wolfgang von (1749-1832), écrivain, dramaturge, poète allemand.
Goodall Jane (1934-), exploratrice, éthologue, anthropologue britannique.
Govinda Lama Anagarika (1898-1985), maître bouddhiste allemand.
Grall Xavier (1930-1981), poète, écrivain, journaliste.
Hazlitt William (1778-1830), essayiste, écrivain irlandais.
Heijmans Toine (1969-), journaliste, écrivain de la mer.
Héronnière Édith de La (1946-), écrivaine.
Hillary Edmund (1919-2008), premier vainqueur de l'Everest, himalayiste néozélandais.
Horn Mike (1966,-), aventurier sud-africano-suisse.
Jaccottet Philippe (1925-2021), écrivain, poète suisse.
Kavvadias Nikos (1910-1975), marin, écrivain grec.
Kerouac Jack (1922-1969), écrivain voyageur américain.
Kersauson Olivier de (1944-), marin, écrivain.
Kipling Rudyard (1865-1936), écrivain britannique.
Kundera Milan (1929-), écrivain franco-tchèque.
Labouche Didier (1963-), écrivain voyageur, éditeur.
Lacarrière Jacques (1925-2005), écrivain voyageur.
Landelle Gustave de La (1812-1886), marin, écrivain.
Lao Tseu (VIe-Ve s. av. J.-C.), philosophe chinois.
Lapouge Gilles (1923-2020), journaliste, écrivain.
Larbaud Valery (1881-1957), écrivain, essayiste.
Larsson Björn (1953-), écrivain suédois.
Lawrence D. H. (1885-1930), écrivain britannique.
Le Breton David (1953-), universitaire, anthropologue, sociologue, écrivain.

LEIGH FERMOR Patrick (1915-2011), écrivain voyageur britannique.
LERMONTOV Mikhaïl (1814-1841), poète, dramaturge russe.
LHÉRITIER Antony (1912-1993), poète.
LONDON Jack (1876-1916), aventurier, écrivain américain.
MAC ORLAN Pierre (1882-1970), écrivain.
MADEIROS Martha (1961-), journaliste, écrivaine brésilienne.
MAILLART Ella (1903-1997), aventurière, photographe, écrivaine suisse.
MAÎTRE Ekhart (vers 1260-1328), théologien, philosophe allemand.
MATTHIEU Robert (1946-), inspecteur des impôts, écrivain.
MELVILLE Herman (1818-1891), écrivain américain.
MENSIUS (vers 380-vers 289 av. J.-C.), philosophe chinois.
MERMET Daniel (1942-), journaliste.
MESSNER Reinhold (1944-), alpiniste italien.
MOITESSIER Bernard (1925-1994), marin, écrivain.
MONTAIGNE Michel de (1533-1592), philosophe, moraliste, humaniste.
MORAND Paul (1888-1976), écrivain, diplomate, académicien.
MOREAU Manon (1981-), journaliste, écrivaine.
NIN Anaïs (1903-1977), écrivaine américaine.
PAGNOL Marcel (1895-1974), écrivain, cinéaste.
PAVESE Cesare (1908-1950), écrivain italien.
PEISSON Édouard (1896-1963), écrivain de la mer.
PERSE Saint-John (1887-1975), diplomate, écrivain, poète, prix Nobel de littérature.
QUEFFÉLEC Yann (1949-), marin, écrivain.
RANSMAYR Christoph (1954-), écrivain autrichien.
REPPLIER Agnès (1855-1950), essayiste américaine.
RENAUD (1952-), auteur, compositeur, interprète.
RIMBAUD Arthur (1854-1891), aventurier, poète.
ROUSSEAU Jean-Jacques (1712-1778), philosophe suisse.
ROWLING J. K. (1965-), écrivaine britannique.

Rufin Jean-Christophe (1952-), médecin, diplomate, écrivain voyageur.
Rumiz Paolo (1947-), journaliste, écrivain voyageur italien.
Sapin-Dufour Cédric (1975-), journaliste, écrivain.
Segalen Victor (1878-1919), médecin, explorateur, ethnologue, écrivain voyageur.
Shackleton Ernest (1874-1922), explorateur britannique.
Stevenson Robert-Louis (1850-1894), écrivain voyageur écossais.
Tabarly Éric (1931-1998), marin.
Tesson Sylvain (1972-), écrivain voyageur.
Thesiger Wilfred (1910-2003), explorateur, écrivain britannique.
Thoreau Henry David (1817-1862), naturaliste, écrivain américain.
Tolkien J. R. R. (1892-1973), écrivain, poète, professeur d'université britannique.
Twain Mark (1835-1910), écrivain américain.
Verhaeren Émile (1855-1916), poète belge.
Victor Paul-Émile (1907-1995), explorateur polaire, écrivain.
Voltaire (1694-1778), philosophe.
White Kenneth (1936-), poète, écrivain écossais.
Wordsworth William (1770-1850), poète britannique.

Crédits photos
Toutes les illustrations sont de **AdobeStock.com.**